Conejos enanos

sanos y felices

> Autora y Fotos: **Monika Wegler**

Indice

Un hogar acogedor

Sano y en forma

Conozca a su conejo enano

Actividades

Apéndices

HISPANO EUROPEA

Un hogar acogedor

Una buena elección

Nuestros dos primeros conejos enanos se llamaban Mümmi y Mohrle. Mümmi, un bonito conejo enano de Turingia, era de mi hija, y Mohrle, negro con manchas blancas en el dorso, pertenecía a mi hijo. Actualmente mis hijos ya son adultos y llevan sus propias vidas, pero yo sigo conviviendo con conejos enanos; aunque Mümmi y Mohrle hace mucho tiempo que se fueron al cielo de los conejos.

Estos pequeños animalitos me alegran la vida. Acuden cuando los llamo por sus nombres y aceptan encantados un jugoso trozo de manzana. Medite bien si a usted esto también le haría ilusión. Ante todo, nunca se lleve a casa uno de estos adorables enanitos solamente porque en un determinado momento haya sentido el impulso de hacerlo. Empiece por informarse bien sobre los cuidados que necesitan, plantéese fríamente si usted está capacitado para mantenerlos y asegúrese de que en su casa no haya nadie que tenga alergia al pelo de estos animales.

Apenas seis semanas de edad: es estupendo tener un colega al que poder acercarse.

Un poco de historia

En una exposición de conejos una vez vi un conejo gigante que pesaba más de siete kilos. A su lado, un conejo enano pura raza de 1,25 kg es realmente un peso ligero, y sin embargo ambos descienden de un antepasado común: el conejo silvestre europeo.

Hace unos 3.000 años, los navegantes fenicios recorrían las costas del Mediterráneo y fueron unos de los primeros en prestar atención a los pequeños conejos silvestres de color marrón grisáceo que abundaban en lo que ahora es España. No tardaron en darse cuenta de que su carne era muy sabrosa. Mucho más tarde, los romanos mantuvieron conejos semisalvajes en jardines amurallados que recibían el nombre de leporarios.

En la Edad Media se engordaban conejos en muchos monasterios e incluso se consiguió que fuesen considerados como «alimento sin carne», por lo que también podían ser consumidos durante las épocas de ayuno.

Pero su historia como animal doméstico no se inicia hasta que se los empieza a criar en corrales para aprovechar tanto su carne como su piel. El tamaño y la coloración fueron cambiando con el paso del tiempo.

Actualmente existen más de 100 razas de conejos con los más diversos tipos de pelajes, coloraciones y dibujos (ver pág.s 10/11). Los primeros conejos enanos presentados al público fueron mostrados en una exposición celebrada en Inglaterra en 1884.

¿Está usted capacitado para tener un conejo enano?

	Si	No
1. ¿Le gusta observar a los animales?	☐	☐
2. ¿Está dispuesto a cederle al conejo una parte de su vivienda para que corretee libremente por ella?	☐	☐
3. ¿Se mostrará comprensivo con sus mascotas si alguna vez le roen un mueble?	☐	☐
4. ¿Aceptará que de vez en cuando, cuando corran sueltos por la casa, dejen alguna bolita de excremento sobre la alfombra?	☐	☐
5. ¿Es usted una persona tranquila y paciente?	☐	☐
6. ¿Dispone por lo menos de una hora diaria para sus enanitos?	☐	☐
7. ¿Su vivienda permite que los conejos encuentren escondrijos cuando corran sueltos?	☐	☐

Puntuación: 7 respuestas afirmativas = usted es un sueño para los conejos enanos. Si les proporciona una alimentación saludable y los cuida bien, se sentirán muy felices con usted. 5-6 respuestas afirmativas = Los conejos enanos son los animales domésticos ideales para usted, pero tendrá que esforzarse un poquito para conseguir ofrecerles un ambiente ideal para ellos. Menos de 4 respuestas afirmativas: los conejos enanos no son los animales domésticos ideales para usted.

¿Coneja o conejo?

Es igual que usted se decida por un conejo enano macho o hembra, ambos son iguales de agradables y confiados.

Machos: Si adquiere un macho será necesario que lo haga castrar a la edad de cuatro a seis meses. Los machos sexualmente maduros y no castrados tienen un impulso sexual muy acentuado y sufren mucho si no se les da la oportunidad de cubrir a las hembras.

Hembras: Durante el celo, las hembras pueden mostrarse agresivas contra sus posibles rivales. A veces llegan a atacarse. Sin embargo, no aconsejo la castración de las hembras ya que para ellas esta intervención supone un riesgo mucho mayor que para los machos. Asegúrese de que las otras hembras puedan ponerse a salvo, o mantenga a la que esté en celo en una jaula aparte.

¿Necesitan compañía los conejos enanos?

En la naturaleza, los conejos silvestres viven en colonias que pueden ser muy numerosas. Por lo tanto, a los conejos enanos también les gusta estar junto a los de su especie. En los grupos se ocupan unos de otros, permanecen mucho

tiempo juntos y se limpian mutuamente. Si se mantiene a un conejo enano solo, el cuidador nunca podrá sustituir a sus congéneres (ver pág. 16).

La hora del aseo del conejo: después de las patitas delanteras le llega el turno a la cara.

Edad en el momento de la compra

A la edad de seis a ocho meses, el conejo enano ya está lo suficientemente desarrollado como para poder separarlo de su madre y sus hermanos. No compre nunca un conejo enano de menor edad, ya que el riesgo de que esos pequeñines contraigan alguna enfermedad es mucho más elevado que en los que han permanecido con sus madres durante todo el tiempo necesario.

Diversidad de razas

A principios del siglo XIX se prohibieron las pieles de armiño, por lo que se impuso buscarles rápidamente un sustituto. Y éste resultó ser el «conejo polaco», que era tan pequeño como el conejo silvestre pero tenía el pelaje de un color blanco inmaculado y los ojos rojos (albino). Los ingleses obtuvieron los primeros conejos enanos a partir de estos animales. Había nacido el «conejo armiño».

A principios del siglo XX se descubrió en América el factor hereditario (simbolizado por dw, de dwarf = enano) responsable de la típica apariencia de estos enanos. A partir de ahí ya no fue ningún problema criar razas enanas a voluntad.

Conejo armiño: Tiene el pelaje completamente blanco y los ojos de color azul muy claro o rojo. El conejo armiño es el punto de partida para todas las demás variantes de conejos enanos.

Conejos enanos de colores: En este grupo incluimos a todos los conejos enanos con pelaje de color. Existen conejos enanos con un único color de fondo o con manchas de diferentes colores. En las tiendas de animales suelen venderse ejemplares manchados, mientras que los criadores profesionales generalmente sólo disponen de ejemplares puros con los colores estándar, por ejemplo, negro, rojizo o gris azulado.

Algunas de las variedades de color más populares son el

SUGERENCIA

¿Un conejo enano de pura raza o un mestizo?

- **Pura raza:** cuerpo compacto con patas cortas, cabeza grande en relación con el cuerpo, frente amplia y carrillos marcados. Orejas cortas; lo ideal es que en los adultos midan unos 5 cm de longitud. Peso: de 1 a 1,5 kg.
- **Mestizos:** cuerpo alargado, patas largas. Cabeza pequeña, estrecha y alargada. Las orejas de los ejemplares adultos pueden medir 7 cm o más. Peso: de 2 a 3,5 kg.

«ruso», que tiene el pelaje de color blanco inmaculado con una pequeña máscara negra que sólo ha de cubrirle la nariz, orejas negras y «botitas» del mismo color. Sus ojos son de un brillante color rojo. Los primeros conejos enanos de colores se criaron en Holanda. Además de por su color de fondo y su dibujo, a los conejos enanos también se los diferencia por la longitud de su pelo: pelo normal, pelo corto (Rex) y pelo largo (zorro).

Los hermosos conejos enanos «león» todavía no han sido reconocidos como raza.

Conejos de orejas largas: Los conejos enanos de orejas largas son muy simpáticos, pero no del todo «puros». Suelen pesar algo más que los demás conejos enanos (hasta 2 kg) y no tienen el factor «dw» causante del enanismo. Los primeros conejos enanos de orejas largas se obtuvieron en Holanda. Actualmente los podemos conseguir con las coloraciones más diversas. Según he podido observar, los conejos enanos de orejas largas no sólo tienen un cuerpo más compacto que los demás conejos enanos, sino que también tienen un comportamiento más tranquilo que el de esos nerviosos animalitos.

Un cesto lleno de cosas buenas. ¡Esto sí que es sabroso!

Identificación en la oreja

A Mümmi y Mohrle los compré en un criadero especializado y me di cuenta de que en sus orejas llevaban tatuados unos números y letras. El criador me explicó lo que significaban: a los conejos de raza se les tatúa en ambas orejas para indicar su procedencia. En la oreja derecha se tatúa una letra que representa la federación regional y su número de inscripción. En la oreja izquierda se tatúa la fecha de nacimiento y el número de registro en el libro del criador.

RECUERDE

Importante para los conejos enanos

- ✔ **Congéneres:** Mantenga por lo menos dos ejemplares (ver pág. 16).
- ✔ **Alimentación saludable:** Además de heno, pienso y alimento fresco necesitan también material para roer (ver pág. 39).
- ✔ **Ejercicio:** Necesitan imprescindiblemente una jaula amplia y poder corretear libremente una vez al día por la casa o en un cercado.
- ✔ **Momentos de reposo:** A los conejos enanos nunca hay que molestarlos cuando comen, duermen o se están limpiando.
- ✔ **Ocupaciones:** Proporcióneles una buena diversidad de elementos en su jaula (ver pág. 54).

Algunas variedades de conejos enanos

Actualmente existen conejos enanos con las coloraciones más diversas, con dibujo o sin él y con pelajes de todas las longitudes. Veamos aquí algunas de las razas más apreciadas.

Chinchilla: Tiene un pelaje de color gris acero en el que cada pelo presenta franjas de tres colores (azul blanquecino/ gris ceniza). La capa también está salpicada de pelos negros y negros y blancos.

Pelo largo: Son unos conejos muy bonitos, como este de color azulado, y muy apreciados. Este ejemplar es muy joven, pero ya sabe erguirse sobre las extremidades posteriores.

Pelirrojo: Este joven conejo rojizo se esconde entre las hierbas altas. Aquí no será tan fácil que lo localice algún predador.

Conejo enano de la variedad «Turingia»: Los gazapos, de apenas cinco semanas de edad, son de color blanco manchado.

Negro leonado: Este conejo enano tiene el dorso negro, pero gran parte de su cuerpo presenta el típico color leonado.

Manchado negro y blanco: Actualmente existen conejos enanos de orejas largas con todo tipo de colores y dibujos.

Armiño: El conejo armiño con ojos rojos es el antepasado de todos los conejos enanos con diferentes coloraciones criados posteriormente. También puede tener los ojos azules.

Precauciones a la hora de comprar

Lo mejor es comprar los conejos enanos en tiendas de animales o directamente en criaderos especializados. Si no conoce ninguno puede preguntar las direcciones en la asociación local de cunicultores. A la hora de comprar sus animales fíjese en lo siguiente.

➤ ¿Están limpias y cuidadas las jaulas, instalaciones y corrales donde viven los animales?

➤ ¿La paja está seca y no desprende olor a orina?

➤ Disponen los conejos de suficiente espacio para moverse, de buena luz y de aire fresco?

➤ ¿Se les proporciona suficiente agua y alimento?

➤ ¿Se nota que los cuidadores o criadores los tratan con cariño y respeto?

Advertencia: Una amiga mía también tiene tres conejos enanos. Sin embargo, uno de ellos lo compró en un mercadillo y se ha transformado en un gigantesco conejo de corral al que ha puesto por nombre «Goliath». Si quiere estar absolutamente seguro de lo que compra, será mejor que se dirija a la asociación de cunicultores y que consulte cuáles son los mejores criadores de conejos enanos. Actualmente también hay muchas tiendas de animales que garantizan que lo que venden son conejos enanos «auténticos».

Usted mismo puede construir un «árbol de las delicias» lleno de golosinas para sus conejos.

La instalación adecuada

A pesar de que los conejos enanos son pequeños, les gusta mucho saltar por la jaula.

RECUERDE

Un conejo enano sano

Comportamiento

✔ Se le ve alegre, activo y despierto.

✔ Reacciona ante su entorno y cuando se le habla.

Pelaje

✔ Tiene el pelaje liso y brillante.

✔ No tiene calvas.

✔ Esta limpio de parásitos.

Ojos

✔ Sus ojos están limpios y brillantes.

✔ En ningún caso los tendrá turbios o rígidos.

✔ No producen secreciones ni se aprecia ninguna infección.

Nariz

✔ Seca y sin secreciones.

✔ El animal no estornuda.

Orejas

✔ Han de estar limpias, sin secreciones ni costras.

Dientes

✔ Si el conejo tiene la dentadura sana, los incisivos superiores han de colocarse por encima de los inferiores.

Ano

✔ La región anal deberá estar limpia, sin rastros de humedad ni sucia de excrementos.

1 Un puente de madera para jugar

Este juguete no sólo sirve para que los conejos se escondan sino que también les obliga a ejercitar su sentido del equilibrio al pasar sobre él. Además, desde lo alto todo se ve mucho mejor. Si el puente no cabe en la jaula, póngalo en la habitación en la que suela soltarlos o en el corral al aire libre.

2 Una casita para descansar

En la naturaleza, los conejos silvestres viven en madrigueras subterráneas. Allí se sienten a salvo de sus enemigos y están protegidos de la lluvia, del frío y del calor. Los conejos enanos todavía llevan en ellos mucho de sus antepasados silvestres. Por lo tanto, les encanta disponer de una casita en la que puedan refugiarse cuando lo deseen.

Por lo tanto, su instalación deberá ser bastante espaciosa.

➤ La superficie de la jaula para dos conejos enanos no deberá medir menos de 90 × 50 cm. Sin embargo, es preferible emplear una jaula de 115 × 65 cm o bien unir dos jaulas (¡son más fáciles de limpiar!).

➤ La jaula deberá tener una altura de por lo menos 45 cm, así el conejo se podrá levantar con comodidad.

➤ La parte inferior de la jaula estará formada por una cubeta de aproximadamente 16 cm de profundidad, de este modo se evita que la paja y el sustrato ensucien los alrededores de la instalación.

➤ La parte superior de la jaula consistirá en una reja galvanizada de barrotes horizontales.

➤ En la parte anterior de la jaula deberá haber una puerta abatible para que el animal pueda entrar y salir fácilmente de ella cuando le dejemos corretear suelto.

➤ Para manipular en el interior de la jaula es muy cómodo que ésta cuente con una trampilla en su parte superior.

Advertencia: Desaconsejo totalmente el empleo de terrarios así como de jaulas con la parte superior de plástico. Los animales sufrirían por falta de oxígeno, el calor quedaría retenido en el interior de la jaula y los vapores de la orina no podrían eliminarse.

Equipo necesario

Cuando acondicione la jaula de sus conejos enanos, asegúrese de que dispongan de suficiente espacio para moverse. Es imprescindible que cuente con los siguientes elementos.

Comederos: Los comederos de barro vitrificado y con el borde curvado hacia dentro son muy estables y fáciles de limpiar. Deberá tener un diámetro de aproximadamente

17 cm. Para los conejos muy jóvenes se pueden emplear comederos de menor tamaño, ya que a los pequeñines les encanta saltar en la comida y lo ensucian todo. Existen unos comederos automáticos para alimento seco que se cuelgan de la reja de la jaula. Pero sólo hay que poner en ellos una ración diaria, ya que los conejos a veces comen de puro aburrimiento y no tardan en engordar más de la cuenta. Como bebedero, lo mejor es colocar uno automático por goteo y con una capacidad de 450 ml.

Aseo a conciencia: los conejos enanos se limpian a fondo varias veces al día.

Soporte para el heno: En las tiendas de animales podemos encontrar soportes para heno que se cuelgan dentro de la jaula y que están abiertos por arriba. El problema es que a los conejos jóvenes les gusta saltar en ellos y a veces se les enganchan las patas en la reja, lo cual propicia que les produzca la fractura de algún hueso. Por tanto, cubra el soporte del heno con una tabla o elija un recipiente adecuado de metal o plástico.

Lavabo: Los conejos sólo suelen emplear una esquina de la jaula para hacer sus necesidades. Ponga en ese lugar un «lavabo para conejos» de forma triangular para ahorrar espacio (ver foto de la derecha).

Lecho: El sustrato de la jaula puede ser a base de pellets de paja o virutas de madera blanda comprimidas. Creo que lo mejor es colocar una capa de virutas de madera para que absorban la orina y cubrirla con una gruesa capa de paja.

Caseta: En ninguna jaula deberá faltar una caseta, a ser posible con el tejado plano, en la que los animales puedan recogerse a descansar (ver fotos de la pág. 13).

Un buen emplazamiento para la jaula

Lo importante para sus conejos es que la jaula esté en un lugar estable y tranquilo. Les gusta que el lugar tenga buena luz y esté bien ventilado, pero no toleran el sol directo ni la proximidad de estufas o radiadores. Su temperatura ideal es de 12 a 22 °C. Nunca hay que tenerlos expuestos a las corrientes de aire, ya que no tardarían en enfermar. El suelo frío también les es muy perjudicial. En este caso, coloque la jaula sobre una placa de porexpán u otro material aislante.

Libertad sin peligros

Los conejos son animales muy activos y necesitan poder corretear sueltos por la casa una vez al día. Pero antes de soltar por primera vez a su conejo será mejor esperar a que éste se haya acostumbrado a usted y se muestre manso (ver pág. 25). No es raro que su primera correría acabe bajo un armario, lugar en el que el conejo se refugiará cada vez que se sienta inseguro. Si el animal es manso, no habrá problema para cogerlo con la mano y devolverlo a la jaula. Es muy aconsejable permanecer en la habitación mientras el animalito esté suelto. Los conejos roen todo aquello que queda a su alcance: cortinas, parquet, alfombras, muebles, cables, etc. Sin embargo, el principal peligro es que el animal le salte a usted entre los pies y le haga tropezar. Los conejos ven muy mal de cerca, y esto podría hacer que tanto usted como él acabasen lesionados. Por tanto, ¡cuidado! La puerta de la jaula deberá permanecer abierta en todo momento por si el animal desea regresar a ella.

Una «mansión» para conejos enanos; pero ni la mejor de las jaulas puede sustituir al paseo diario por la casa.

Un hogar seguro

Ideal para conejos enanos	¡Peligro!	Riesgos
En verano un plato con hierba fresca, en invierno hierba gatera cultivada en casa.	Plantas de interior tóxicas tales como azaleas, difenbaquia, jacintos, narcisos, estrella de Navidad.	Envenenamiento.
Proteger los cables y conexiones eléctricas o colocarlos de forma que resulten inaccesibles para los animales.	Los conejos suelen roer los cables sueltos.	Muerte por electrocución.
Moqueta o un cercado colocado en la habitación (ver pág. 17).	Parquet liso o suelos de material sintético.	Resbalones.
Mantener las puertas de la habitación cerradas mientras los animales estén sueltos, o abrirlas y cerrarlas con mucho cuidado.	Abrir o cerrar la puerta mientras los animales están libres.	El conejo puede quedar atrapado por la puerta.
Sólo hay que dejar que circulen por el suelo.	Nunca hay que dejar al conejo sobre la mesa y hacer que salte desde ahí.	Peligro de caídas. Se puede producir graves lesiones internas.

Cuestiones acerca de la elección y la compra

Una amiga de mi hija le regaló un precioso conejo enano a manchas. Ahora me pregunto si ese animalito puede ser feliz en casa o si necesitaría un compañero de su especie.

Para el conejo, una persona nunca podrá sustituir a un compañero de su propia especie. Sin embargo, si lo suelta por lo menos durante una hora al día y se ocupa lo suficiente de él (ver pág. 50), su mascota se sentirá bastante feliz en su compañía. De todos modos es conveniente que vaya pensando en la posibilidad de proporcionarle un compañero, pero tenga en cuenta que si son dos machos solamente se tolerarán mutuamente hasta que alcancen la madurez sexual (a partir del tercer mes de vida). A partir de entonces suelen entablar frecuentes luchas territoriales y es necesario recurrir a la castración. Pero las parejas suelen llevarse muy bien; a veces demasiado bien, y si se quiere evitar que se reproduzcan constantemente no hay más remedio que castrar al macho (ver pág. 7). Las conejas suelen llevarse bien entre ellas, especialmente si proceden de la misma camada. Si se juntan conejas adultas que no se conozcan entre sí es posible que luchen para marcar sus territorios y marcar un orden jerárquico. En ese caso no hay más remedio que separarlas.

¿Es posible conseguir que un conejo no ensucie cuando esté suelto por la casa?

Los conejos son animales muy limpios. En la jaula suelen depositar su orina y sus excrementos siempre en la misma esquina, por lo que recomiendo colocar en ella un «lavabo para conejos» (ver pág. 14). Disponga otro «lavabo» para cuando estén sueltos por casa y ponga en su interior un poco de paja y algunos excrementos del «lavabo» de la jaula. Colóquelo en un lugar en el que el conejo suela detenerse durante sus paseos por la habitación. Ponga al animal de vez en cuando en su «lava-

Conejo enano y cobaya: generalmente es una buena combinación.

bo de la habitación». Por desgracia, no todos los conejos aprenden a hacer sus necesidades siempre en el mismo lugar. Sin embargo, las bolitas de excremento seco se eliminan fácilmente con el aspirador, y si cae alguna gota de orina en una alfombra es fácil limpiarla con productos especiales que venden en las tiendas de animales.

¿Qué tal se llevan los conejos enanos con los otros animales domésticos?
Con las cobayas, por ejemplo, se llevan muy bien. Los hamsters, sin embargo, son seres solitarios que duermen durante el día y a los que no les gusta la compañía de otros animales. Con perros y gatos también suele haber problemas, ya que suelen considerar al conejo como una posible presa a la que hay que dar caza. Tampoco es conveniente hacer que los conejos enanos se vean obligados a convivir con pájaros muy ruidosos, ya que los ruidos los ponen nerviosos y aumentan su timidez.

Nuestro conejo enano macho se comporta de un modo extraño. Se muestra inquieto, escarba en el suelo de la jaula, salpica orina con frecuencia y desprende un olor muy fuerte. ¿Qué le pasa?
Lo más probable es que usted tenga un macho adulto y entero (no castrado) que necesita desfogar sus impulsos sexuales. Salpica orina para marcar su territorio. Probablemente también intente montar todo lo que se ponga a su alcance, aunque se trate de un animal de peluche. Para evitar estos casos, lo mejor es castrarlo a tiempo. Muchos machos castrados se vuelven especialmente dóciles y cariñosos.

Trabajo durante todo el día fuera de casa, pero me gustaría que mis conejos enanos pudiesen disfrutar de libertad de movimientos durante ese tiempo. Por desgracia no puedo montar un corral al aire libre. ¿Qué puedo hacer?
Muy fácil. Deje a sus animales en un cercado dentro de casa. En las tiendas de animales venden cercados por módulos que se pueden montar en el suelo de una habitación. Para que el suelo no se ensucie, cúbralo con una placa de plástico y ponga encima un trozo de moqueta vieja o una estera de paja. Y ya está listo su «corral de interior» (ver pág. 54, 55).

MIS CONSEJOS PERSONALES

Monika Wegler

Un hogar confortable

- Cuanto mayor sea la jaula, mejor para los conejos enanos. Para mantener a dos conejos, lo ideal es disponer de una jaula muy amplia o de dos que se puedan conectar entre sí.
- En las tiendas de animales también puede conseguir estantes de reposo que se sujetan a la reja de la jaula y que permiten que el animal contemple su mundo desde lo alto. También puede suplirlos por una caseta de plástico o madera con el tejado plano.
- En la jaula también hay que colocar uno o dos comederos, un bebedero de demanda y un soporte para el heno. Proporcióneles también ramitas tiernas para que puedan roer a sus anchas.
- Ponga un «lavabo para conejos» en una de las esquinas de la jaula. Así la paja se conservará limpia durante más tiempo.
- El sustrato ideal para la jaula es una capa de virutas de madera blanda recubierta por una capa de paja más gruesa.

Conozca a su conejo enano

Aclimatación a su nuevo hogar

Antes de comprar sus conejos enanos deberá tener la jaula totalmente acondicionada e instalada ya en su lugar definitivo.

A los conejos enanos les encanta que les rasquen suavemente detrás de las orejas.

Cuando compré mis primeros conejos enanos, Mümmi y Mohrle, para llevarlos a casa me los empaquetaron en una pequeña caja de cartón en la que no entraba nada de aire. Los pequeños animales estaban pegados uno a otro y temblando de miedo.

Para que pueda transportarlos lo mejor posible le recomiendo que compre un transportín de plástico como los que se emplean para los gatos. El transportín cierra bien, pero tanto el frontal como la parte superior son de reja. De este modo viajan bien ventilados y el viaje hasta casa no les supone ningún shock. Más adelante podrá emplear ese transportín cuando tenga que llevar algún conejo al veterinario. En la tienda, pida que le pongan en el transportín un poco de paja de la jaula en la que estaban los animales; así, cuando la olfateen notarán el «aroma de casa». Llévese también un poco del alimento que les daban y pregunte si están acostumbrados a comer verde. De no ser así, vaya con precaución y deles al principio sólo una o dos hojas diarias.

En cuanto llegue a casa, pase inmediatamente a los conejos y su paja a la nueva jaula. Ahora necesitarán unas cuantas horas de calma y tranquilidad para acostumbrarse a su nuevo entorno. Cuando empiecen a comer, a limpiarse y a descansar relajadamente sobre la paja será señal de que el primer shock ya ha pasado.

SUGERENCIA

Una aclimatación tranquila

- Acérquese a la jaula lentamente. Háblele suavemente al animal y llámelo por su nombre.
- A los conejos enanos nunca hay que cogerlos desde arriba por sorpresa. El animal podría creer que ha sido atrapado por un ave rapaz y se llevaría un susto de muerte.
- Antes de coger al conejo, deje que el animal le vea y le olfatee la mano.
- Evite los ruidos innecesarios tales como portazos o música demasiado fuerte; a los conejos les asusta mucho.

Niños y conejos enanos

A mis hijos les regalé sus primeros conejos enanos a las edades de seis y ocho años. Creía que a esa edad ya podrían comprender a los animales y que si yo les ayudaba un poco serían capaces de cuidarlos perfectamente. Y no me equivocaba. Los niños comprendieron inmediatamente que los conejos enanos necesitan fases de descanso, que no se tienen que llevar constantemente de un lugar a otro y que no hay que molestarlos mientras comen o cuando se están acicalando el pelaje. Según mi propia experiencia, los niños de menor edad no están capacitados para cuidar animales. Además, los niños de entre tres y cinco años aún no tienen sus funciones motoras bien desarrolladas y suelen coger mal a los animales, por lo que éstos se debaten con fuerza y pueden arañarlos, con lo que acabarán cayendo al suelo. Y las caídas son muy peligrosas para los conejos.

¡Cuidado cuando el conejo esté suelto! En la naturaleza, los conejos son una de las presas habituales de los gatos.

Acostumbrar unos conejos a otros

Los conejos son animales gregarios, pero a veces se muestran un poco caprichosos con sus simpatías hacia sus congéneres. Y no tiene nada de raro, ya que un conejo enano extraño huele diferente. Procede de otra colonia, y ésta le confiere su olor. A veces no es fácil conseguir que dos conejos adultos se acostumbren el uno al otro. Por este motivo es preferible adquirir dos animales que ya hayan convivido en la misma jaula.

Sin embargo, con un poco de suerte es posible conseguir que dos conejos extraños se hagan amigos. Para ello hay que tener en cuenta lo siguiente:

Jaulas separadas: Instale al recién llegado en una jaula aparte y colóquela junto a la del conejo «viejo». Así los animales podrán verse y olfatearse.

Cambio de jaulas: Cámbielos frecuentemente de jaula. Así cada uno podrá reconocer bien el olor del otro.

Suéltelos por separado: Cuando deje corretear libremente a uno de los conejos, mantenga al otro en su jaula. Cuando vea que ninguno de ellos salta contra la reja para intentar morder al otro, podrá dar el siguiente paso hacia su convivencia. Pero a veces esto dura semanas o incluso meses.

Corretear juntos: Cuando los suelte juntos deberá hacerlo en un lugar que sea zona neutral, es decir, no allí donde están las jaulas. Para falsear su reconocimiento por el olfato puede untarles la parte posterior del cuerpo con una pequeña cantidad de aceite aromático o perfume.

Jaula común: Si los conejos enanos se llevan bien durante sus paseos puede hacer la prueba de alojarlos en una misma jaula. Si empiezan a pelearse y a morderse deberá separarlos inmediatamente, pero si su comportamiento es amistoso será señal de que ha habido éxito.

Nota: Los ejemplares jóvenes de hasta diez semanas pueden ponerse juntos en una misma jaula desde el primer momento.

La amistad entre conejos enanos, perros y gatos

Digámoslo de entrada: aquí pueden surgir problemas tanto entre el perro y el gato como entre cualquiera de éstos y el conejo. Para empezar, el conejo es una de las presas habituales de estos animales, y no es raro que si se quedan

Unas hojitas de perejil: para conseguirlas, el conejo enano es capaz de erguirse.

SUGERENCIA

Conejos enanos y cobayas

- Los conejos enanos y las cobayas suelen llevarse muy bien, especialmente si ambos animales son jóvenes y se traen a casa a la vez.
- La jaula común deberá ser lo más espaciosa posible, y a la cobaya hay que proporcionarle una caseta independiente con un agujero de entrada más estrecho.
- Los conejos machos que no han sido castrados pueden molestar mucho a las cobayas. Por lo tanto habrá que castrar al conejo o separar a ambos animales.

a solas con un conejo enano éste acabe convirtiéndose en víctima. Por otra parte existen también unas dificultades de comunicación prácticamente infranqueables, ya que los perros y/o gatos y los conejos tienen unas pautas de comportamiento totalmente distintas. Como mucho, se puede intentar conseguir una «tolerancia política» entre ellos.

➤ Existen buenas posibilidades de convivencia si el perro está bien educado, o el gato es de temperamento tranquilo, y el conejo enano no es demasiado nervioso ni tímido.

➤ Mantenga al conejo y al perro o gato en habitaciones separadas hasta que el conejo se haya adaptado por completo a su nuevo hogar.

➤ Mientras tanto, acaricie alternativamente a los animales y déjeles que olfateen su mano para captar el olor del otro.

➤ Cuando haga las presentaciones será mejor que mantenga al conejo en la jaula.

➤ Sujete al perro con la correa. Si ladra o intenta saltar hacia la jaula, dígale un severo «¡Quieto!» para que pare.

➤ Si el gato intenta introducir su zarpa en la jaula, dígale «¡No!» de forma contundente o dispárele un chorrito con la pistola de agua.

➤ Si sus mascotas se portan bien con el conejo, recompénselas con una golosina. Hábleles en tono amistoso y con calma.

➤ No deje suelto al conejo hasta que esté seguro de que el perro y/o el gato toleran bien su presencia.

➤ ¡Nunca deje a los animales solos!

Estímulos olfativos para los conejos domésticos: una bandeja con hierbas y hojarasca otoñal.

RECUERDE

Reglas para la vida cotidiana

- ✔ Hábleles a los conejos en tono suave y cariñoso.
- ✔ Nunca los saque de la jaula cuando estén comiendo, limpiándose o durmiendo.
- ✔ No les dé dulces, les hacen enfermar.
- ✔ No ponga la música muy fuerte cuando los conejos estén en la habitación.
- ✔ No los coja con demasiada fuerza cuando los lleve en brazos.
- ✔ Suéltelos por la habitación por lo menos tres veces al día durante 20 minutos.

Cómo ganarse rápidamente la confianza de su conejo enano

Nuestros primeros conejos enanos, Mümmi y Mohrle, no eran ni tímidos ni demasiado nerviosos. Al cabo de una semana ya se habían acostumbrado totalmente a nosotros y aceptaban golosinas de la mano sin mostrar ningún temor. Por desgracia, no todos los animales son así. Algunos conejos enanos son asustadizos y nerviosos por naturaleza y están poco acostumbrados al contacto humano. Pero incluso estos ejemplares pueden llegar a domesticarse por completo si se les trata con mucho cariño y paciencia. No intente ganarse su confianza antes de que se hayan aclimatado a su nuevo hogar. En cuanto empiecen a comer con normalidad, a lavarse meticulosamente y a estirarse relajadamente sobre la paja será señal de que ya han superado el shock de separarse de su madre y sus hermanos. En la secuencia fotográfica de la página siguiente se puede ver paso a paso cuál es el modo más sencillo de ganarse la confianza de un conejo enano y domesticarlo.

Nota: Según la predisposición de su enanito, este proceso puede durar pocos días o varias semanas.

Cuando el conejo enano le coma de la mano es señal de que ya confía en usted.

Cómo coger correctamente al conejo

Coger a un conejo enano y apoyarlo sobre el brazo con seguridad no es tan fácil como parece. Si no se le sujeta correctamente, el animal empieza a patalear con fuerza.

CÓMO GANARSE RÁPIDAMENTE LA CONFIANZA DE SU CONEJO ENANO

Es entonces cuando los niños se asustan y lo dejan caer al suelo. Y en estas caídas los conejos enanos suelen sufrir fracturas óseas o lesiones en los tendones.

Así no puede pasar nada:

➤ Antes de levantar al conejo, acérquese a él agachado.

➤ Háblele en voz baja y déjele que olfatee su mano.

➤ Con la mano derecha, sujételo por la piel del dorso a la altura de los omoplatos. Es importante que lo haga con toda la mano y no sólo con unos dedos.

➤ En cuanto lo levante, coloque su mano izquierda por debajo del animal sujetándole la parte posterior y las extremidades traseras.

➤ Ahora doble el antebrazo izquierdo y apoye el conejo sobre él para que no pueda resbalar.

➤ Mantenga la mano derecha apoyada sobre la nuca del animal. Así podrá sujetarlo bien en el caso de que se inquiete repentinamente y empiece a patalear.

Nota: A los conejos de menos de seis semanas es mejor cogerlos sujetándolos con las manos por los lados de modo que puedan acomodarse en el hueco formado por ambas.

1 Empezar a conocerse

Acérquese lentamente a la jaula. Háblele al conejito en voz baja. Si se acerca a la reja en vez de esconderse en el extremo opuesto de la jaula, ya habremos dado el primer paso.

2 Reconocimiento por el olfato

Deje que el conejo enano le olfatee el dorso de la mano. Pronto le reconocerá por su olor personal. ¡Nunca hay que lavarse las manos con un jabón demasiado perfumado!

3 Golosinas

Ofrézcale a través de la reja algunas golosinas tales como hojas de diente de león, perejil o lechuga silvestre. Espere hasta que su mascota se las coja de la mano. Así aprenderá que de su mano sólo puede esperar cosas buenas.

4 Salir de la jaula

Abra la puerta de la jaula y atraiga al conejito con alguna golosina para animarlo a salir. Cubra la rampa con un trozo de moqueta para facilitarle la salida. Intente acariciarlo suavemente.

Cosas de conejos enanos

Max era todo un personaje. En verano le encantaba pasar el día con nosotros en el jardín. Muchas veces, Max me «ayudaba» en las tareas del jardín. Le entusiasmaba arrancar con esmero los esquejes que yo acababa de plantar y era un verdadero especialista cavando túneles y galerías por

> *¿Se ha movido algo por allí? Los conejos necesitan poder observar el mundo que les rodea.*

doquier. Y su modo de marcar el territorio nos gustaba tanto que muchas veces no teníamos más remedio que encerrarlo en su corral al aire libre.

Marcación de territorio

Cuando suelta a su conejo por la habitación, ¿suele frotarse la barbilla contra las sillas o los armarios? Así es como el animal marca su territorio con las glándulas olorosas. Y éstas también desempeñan una función muy importante en la comunicación con sus semejantes.

Glándulas maxilares: Están situadas bajo la lengua, pero segregan la secreción hacia el exterior a través de unos poros situados bajo el mentón. Su aroma es totalmente imperceptible para nosotros.

Glándulas anales: Están situadas a ambos lados del tramo final del intestino, y su secreción cubre las bolitas de excremento de los conejos. Para sus congéneres, su significado es clarísimo: «Este territorio está ocupado».

Glándulas genitales: Están situadas en los pliegues cutáneos lampiños que hay a cada lado de la abertura genital. Producen un olor muy característico y que, para nosotros, resulta dulzón y fuerte.

Cuando se encuentran dos conejos, se olfatean mutuamente esta región. El olor indica si el otro pertenece a otra colonia, si se trata de un macho o una hembra, o si la hembra está receptiva y dispuesta para el apareamiento.

Con la ayuda de las glándulas genitales, el conejo puede darle a su orina un toque aromático muy personal. Los machos impregnan con él a sus compañeras, y las conejas emplean la orina para marcar sus territorios y a sus congéneres.

Lenguaje corporal

Los conejos muestran unas pautas de comportamiento muy peculiares. Para poder comprender bien a su conejo enano necesitará saber interpretar lo que éste expresa con su comportamiento.

Revolcarse: El conejo se siente a gusto y feliz.

Posición erguida: El conejo enano se levanta para poder observar mejor lo que sucede a su alrededor o para acceder a la comida que cuelga de lo alto.

Empujones mutuos: Los conejos se saludan dándose pequeños empujones con el hocico. Si el animal se lo hace

Un conejo enano adulto olfatea a una cría. ¿Pertenece a mi familia?

a usted, significa: «¡Por favor, acaríciame!».

Empujar la mano para apartarla: «Déjame tranquilo». Si uno no hace caso de sus advertencias, el conejo puede llegar a morder.

Lametones: Si su conejo enano le lame la mano significa «te aprecio mucho». Los conejos que se llevan bien se lamen mutuamente el pelaje. Este comportamiento es lo que conocemos como cuidado corporal social.

Apretarse contra el suelo: El conejo aprieta su cuerpo plano contra el suelo manteniendo las orejas estiradas y la cabeza también hacia abajo. Es el modo en que muestra su sumisión ante otro conejo dominante. Si el animal hace esto al verle a usted, significa: «¡Por favor, no me hagas nada!». Si además abre exageradamente los ojos es señal de que está presa del terror y del pánico.

Agachado y relajado: El conejo mantiene las orejas hacia atrás y descansa tranquilamente. No hay que molestarlo.

Acostado de lado: Apoya la cabeza en el suelo, estira las extremidades y los ojos empiezan a cerrarse. Significa: «Ahora me gustaría dormir tranquilo».

RECUERDE

El lenguaje de los conejos enanos

- ✔ **Soplar, agamitar:** Sonidos que emiten las crías cuando tienen miedo.
- ✔ **Resoplidos:** Cortos y en secuencia rápida como intimidación.
- ✔ **Zumbidos:** Suelen emitirlos los machos después de cubrir a la hembra.
- ✔ **Ligeros gruñidos:** Son señal de defensa ante una posible agresión. ¡Cuidado! Es posible que el animal vaya a morder.
- ✔ **Rechinar de dientes:** Al conejo le duele algo.

Aprenda a interpretar su **comportamiento**

¿Conoce el lenguaje de los conejos? Aquí descubrirá lo que su conejo intenta expresar con su comportamiento ? y cómo hay que reaccionar correctamente en cada caso →.

> En el primer encuentro, los conejos se olfatean intensivamente.
? O se caen simpáticos o se repudian.
→ Los conejos que no se toleran hay que mantenerlos por separado.

> El conejo enano se acuesta relajadamente sobre la hierba.
? Se siente a gusto y seguro.
→ En estos momentos no hay que producir ningún ruido que pueda asustarlo.

El conejo enano de orejas largas se lame las patas delanteras y se lava la cara con esmero.

? Los conejos sanos se cuidan su pelaje varias veces al día de pies a cabeza.

→ No moleste al conejo durante su aseo personal.

El conejo se pone en posición erguida y mira hacia todos lados.

? Así puede observar mejor su entorno.

→ En la jaula, colóquele algún lugar de reposo en alto o una caseta con el techo plano.

El conejo enano se aplasta contra el suelo.

? Cuando un conejo se comporta así es señal de que tiene miedo.

→ Acérquese a él lentamente y hablándole en voz baja con un tono tranquilizador.

El conejito intenta esconderse.

? A los conejos les encanta tener un refugio en el que se sientan seguros.

→ Procure que en el cercado al aire libre disponga de una buena variedad de escondrijos.

La descendencia de los conejos enanos

Los bebés de los conejos enanos son probablemente unas de las crías de animales más adorables que existen. Si usted va a reproducirlos pero no piensa quedarse todas las crías –suelen ser de cuatro a cinco por camada–, deberá preocuparse a tiempo para conseguirles un buen hogar a sus pequeñines.

Este conejo enano apenas tiene cinco semanas. ¿No es precioso?

Del celo al parto

Los conejos mantenidos en cautividad pueden reproducirse a lo largo de todo el año. La disposición de la hembra para el apareamiento la denominamos celo. Se reconoce que una coneja está en celo porque levanta la pelvis al acariciarla. Además, los labios de la vulva están hinchados y ligeramente rojizos. Si la pareja de conejos no vive en la misma jaula es preferible trasladar la hembra a la jaula del macho. De lo contrario podría considerarlo un intruso y atacarle. La cópula propiamente dicha dura sólo unos pocos segundos. El esperma induce la ovulación y ésta tiene lugar al cabo de diez a doce horas.

La coneja gestante: Cuando una coneja escarba frecuentemente en la paja y se muestra agresiva con sus compañeros de jaula suele ser señal de que está preñada. Pero este comportamiento también puede indicar un embarazo imaginario o un estado de celo muy intenso.

El periodo de gestación dura un promedio de 31 días (puede durar entre 28 y 31 días). Durante este tiempo, y especialmente durante la segunda

SUGERENCIA

Planificación familiar

- Ambos progenitores deberán ser conejos enanos sanos, de pura raza o mestizos que no crezcan.
- La edad ideal para su reproducción es entre ocho meses y cuatro años.
- La jaula deberá tener una superficie de por lo menos 100 × 60 cm.
- La caseta de cría deberá tener una superficie de 35 × 25 cm y una altura de 23 cm. Tendrá suelo, un techo desmontable y una abertura de entrada de 12 cm de diámetro.

mitad de la gestación, la coneja necesita más tranquilidad que de costumbre y hay que cogerla y/o transportarla con muchísimo cuidado. Aproximadamente una semana antes del parto hay que limpiar a fondo la jaula, colocar la caseta de cría (ver pág. anterior) y añadir una buena cantidad de paja fresca.

Parto: Las conejas paren de un modo muy discreto. Inmediatamente después del parto, la madre limpia a los recién nacidos, corta el cordón umbilical con los dientes y se come la placenta.

Nota: Si la hembra deja a sus crías por la jaula, colóquelas inmediatamente en su cálido nido.

Estos gazapos de cinco días están confortablemente instalados en un nido de paja y pelo de su madre.

La infancia del conejo enano

Los conejos vienen al mundo totalmente desnudos, ciegos y sordos. Al nacer pesan aproximadamente 25 gramos y su madre les da de mamar una o dos veces al día. Cinco días después de nacer su cuerpo se cubre de un pelo corto y denso. Al cabo de una semana ya han duplicado su peso. Entre los nueve y los catorce días se les abren los ojos y los oídos. Ahora, los gazapos ya pueden ver y oír. Sus orejas, que antes estaban inclinadas hacia atrás, ahora se van levantando. A la edad de dos semanas, los conejos enanos ya lucen su pelaje juvenil. A las tres semanas, los más despiertos de la camada ya empiezan a hacer sus primeras escapadas e intentan limpiarse ellos mismos. Para que crezcan sanos y fuertes conviene darles pienso especial para gazapos, copos de avena y heno de buena calidad. Una vez al día habrá que darles una ramita de perejil o una hoja de diente de león. Déjelos corretear por casa para que se fortalezcan los músculos, los pulmones y el corazón. Atráigalos con alguna golosina, por ejemplo una ramita de perejil, y acarícielos suavemente. Así los conejitos pronto se acostumbrarán a usted. A la edad de siete a ocho semanas ya están lo suficientemente desarrollados como para poder darlos o cederlos sin ningún problema.

Nota: Los conejitos machos pueden permanecer con su madre hasta la undécima semana. Luego hay que alojarlos en una jaula aparte.

Cuestiones acerca del comportamiento

? Nuestro conejo enano Hopsi ya hace un año que vive con nosotros. Sin embargo, sigue siendo muy tímido. ¿Me estoy equivocando en algo?

Es probable que haya comprado un conejo que ya era tímido por naturaleza. Generalmente estos animales nunca llegan a domesticarse por completo. También puede ser que durante su importante fase de sociabilización (tres a seis semanas después de nacer) no se haya acostumbrado a vivir con la gente. Otra posibilidad es que haya tenido malas experiencias con las personas. Empiece por comprobar la ubicación de la jaula (ver pág. 14). Colóquela un poco más en alto para que el animal pueda observar mejor su entorno. Si siempre se esconde en su caseta, retírela durante un rato. Intente atraer al animal ofreciéndole alguna golosina con la mano. Así aprenderá que de usted sólo va a recibir cosas buenas. Háblele siempre en voz baja. A un animal muy tímido nunca hay que dejarlo suelto por la habitación. Al tener que cogerlo a la fuerza no haría más que producirle un nuevo shock.

? Cuando soltamos a nuestros conejos por la casa tengo que estar todo el rato vigilando. Más de una vez me han saltado justo delante de los pies haciéndome tropezar. ¿Es que los conejos son cortos de vista?

Los conejos no son precisamente cortos de vista, lo que sucede es que ven el mundo de un modo distinto al nuestro. Lo ven plano, como si fuésemos con un ojo cerrado. El hecho de tener los ojos en posición lateral les permite tener un ángulo de visión de casi 180°. Pueden controlar incluso el «espacio aéreo» que hay sobre ellos. Y esto les es de una importancia vital, ya que en la naturaleza cuentan con un

La de cosas que podríamos hacer juntos, pero la señora prefiere descansar un rato...

gran número de enemigos que siempre están al acecho, como las aves rapaces, los zorros y los hurones. También les es muy importante poder ver bien a gran distancia para detectar lo antes posible la presencia de un predador. Pero estas aptitudes no son compatibles con una buena visión cercana y tridimensional. Por lo tanto, ¡vaya con cuidado cuando sus enanitos estén sueltos! No vaya a pisarlos o a tropezar con ellos.

? Me he dado cuenta de que cuando pongo heno nuevo en la jaula mis conejos empiezan a estornudar. ¿Son alérgicos al heno?

El sentido que más desarrollado tienen los conejos es el del olfato. Reconocen a sus congéneres por el olor, y éste también desempeña un papel muy importante en su vida social y en la actividad sexual (ver pág. 26). Sus mucosas nasales son muy sensibles. Así, el heno viejo y que ha estado guardado durante mucho tiempo puede hacerles estornudar constantemente (ver pág. 36). Pero también es posible que sean alérgicos al heno. En ese caso hay que prescindir del heno y darles un pienso muy rico en fibra.

? ¿Para qué les sirven los bigotes a los conejos?

Los «bigotes» de los conejos son en realidad cerdas táctiles. Como su nombre indica, los utilizan principalmente para orientarse. Le permiten detectar obstáculos en la más absoluta oscuridad y, por ejemplo, medir con precisión si puede pasar o no por los agujeros de una madriguera.

? Cada vez que viene a casa una amiga mía y empieza a reír y a explicar cosas en voz alta, mi conejo enano Lilli se esconde en su caseta. ¿Es que no le gusta mi amiga?

No es que sea eso. Lo que sucede es que los conejos tienen un sentido del oído finísimo. Sus orejas pueden moverse independientemente y son como verdaderas antenas para captar los sonidos. Reaccionan ante el sonido más débil. Es probable que a los conejos la voz de su amiga les resulte demasiado alta y aguda. A los conejos hay que procurar hablarles siempre en voz baja y con suavidad. Su conejo no tardará en reconocer su voz y diferenciarla de los demás. Los conejos detestan el ruido y los gritos de cualquier tipo.

MIS CONSEJOS PERSONALES

Monika Wegler

Reglas de oro para los conejos enanos

- Dele tiempo al conejo para que se acostumbre a usted. Acérquese a él lentamente y por delante. Háblele siempre en voz baja y con suavidad.
- Atraiga al conejito hacia su mano con alguna golosina tal como un trozo de tostada o una ramita de perejil.
- Dedíquele un buen rato al animal por lo menos una vez al día. Esto estrechará la relación entre usted y su conejo. Rásquele suavemente detrás de las orejas.
- Cuando vaya a coger al conejo, no altere el olor de sus manos con colonias o perfumes o lavándoselas con un jabón demasiado perfumado.
- No le aplique nunca ningún castigo. Lo único que conseguirá es que el animal se vuelva agresivo y huidizo. Nunca hay que intentar coger al conejo a la fuerza o con violencia.

Sano y en forma

La alimentación adecuada

Los conejos enanos son unos pequeños gourmets, por lo que su dieta debería ser lo más variada posible.

Alimentos básicos

Heno: No sólo contiene nutrientes muy importantes sino que ante todo es rico en fibra y permite regular la digestión del conejo. El animal siempre ha de tener heno a su disposición. No se preocupe, el heno no le hará engordar. Puede comer tanto como quiera. Pero fíjese mucho en la calidad de lo que compra. El heno de buena calidad incluye hierbas, flores, frutos y hojas de diversas plantas silvestres. Desprende un aroma agradable, es de color verdoso y procede de pastos naturales. En algunas tiendas se puede conseguir «heno de alta montaña» o «heno alpino» de muy buena calidad.

Perejil fresco: ¡una golosina que además es muy saludable!

Advertencia: Si el heno es de color amarillento o gris, es señal de que es viejo y ya apenas contiene nutrientes. Desprende polvo e irrita las sensibles mucosas nasales de los conejos (ver pág. 33). ¡Cuidado con el heno húmedo o enmohecido! A su conejo enano le puede causar graves problemas digestivos, diarreas y, en el peor de los casos, incluso cólicos.

Pienso seco: Es sano, práctico de administrar, se conserva bien y es fácil de conseguir. El pienso seco está formado por pellets, es decir, por comprimidos a partir de trozos de plantas, cereales, diversos tipos de semillas y verduras secas enriquecidos con vitaminas. Estos piensos suelen venderse como «alimento único». Contienen todos los nutrientes que necesita su conejo. Los «alimentos complementarios» son aquellos que deben darse además de otro alimento.

Advertencia: Fíjese bien en la fecha de caducidad que se indica en el envase del alimento. Los piensos «viejos» apenas contienen vitaminas, si es que les queda algo. Además, el pienso deberá contener pocos cereales y productos derivados. Los piensos más adecuados para los conejos son aquellos que contienen un elevado porcentaje de verduras secas y pellets verdes. Lea la composición impresa en el envase. Si lo primero que se mencionan son los cereales, es señal de que el porcentaje es elevado.

Los alimentos jugosos dan energía

En la naturaleza, los conejos se alimentan principalmente

de plantas verdes frescas o secas, tubérculos, rizomas y hortalizas, pero ingieren pocos cereales. Por lo tanto, a sus animales domésticos también les convienen mucho los alimentos frescos y jugosos. Contienen nutrientes muy importantes y son ricos en proteínas y calcio. Además, el aparato digestivo del conejo es el de un animal herbívoro, y no está bien adaptado para digerir concentrados.

Le encanta saciar su apetito en el comedero lleno de pienso. ¡Vigile las fechas de caducidad de los alimentos!

Sano y en forma con los menús adecuados

Por la mañana	Pienso seco: 30 g (dos cucharadas soperas) por conejo enano.
Por la tarde	Alimentos verdes y jugosos: alimento verde (un puñado): diente de león, hojas de zanahoria, lechuga, alternado con alimentos jugosos: 1 zanahoria, $^1/_2$ bulbo de hinojo, o 2-3 brócolis.
Cada día, además	Llenar el comedero de heno y cambiar el agua del bebedero.
Una vez a la semana	Para que roan: 2-3 ramas, alternándolas con $^1/_2$ punta de pan integral duro o una rebanada de pan seco.
Como golosinas, de vez en cuando	$^1/_4$ de manzana, hierbas tales como perejil (un manojo pequeño), o una cucharada sopera de copos de avena integral.
Advertencia:	Las cantidades indicadas en este menú son orientativas. La experiencia, las observaciones y el control periódico del peso de su conejos enanos le permitirán establecer cuáles son las cantidades que realmente necesitan comer. Por ejemplo, un animal que sea muy activo o una coneja que esté amamantando a sus gazapos necesitará comer más que un ejemplar viejo que apenas se mueva.

Plantas: En primer lugar está el diente de león, cuyas hojas tiernas son especialmente sabrosas. También podemos darles hierba, llantén, llantén mayor, alfalfa, milenrama, ortigas tiernas y manzanilla. También les encantan los fresales y las zarzamoras, pero hay que darles solamente las hojas tiernas y dos o tres frutos. Estos últimos constituyen una verdadera golosina. El trébol hay que dárselo con moderación porque puede producirles gases.

Una zanahoria: el alimento favorito del conejo enano. ¿Quién puede resistirse ante ella?

Advertencia: Usted puede recolectar plantas para sus conejos cuando salga de paseo, pero tenga en cuenta que hay lugares que es mejor evitar, como por ejemplo, arcenes de las carreteras (contaminación por los gases del escape de los coches), parques en los que haya perros sueltos (transmisión de enfermedades a través de los excrementos), pastos y campos de cultivo que puedan haber sido tratados con pesticidas. Los lugares ideales son: prados y praderas naturales (como por ejemplo en zonas protegidas), zonas de desmonte, terrenos asilvestrados, bosques y zonas colindantes, además de su propio jardín, naturalmente siempre que no emplee venenos en él.

Hortalizas: A los conejos les gustan: colirrábano (hojas y rizoma), hinojo, apio, chirivía, lechuga, zanahorias y sus hojas, brócoli, rábano, rábano silvestre (solamente las hojas), achicoria, espinacas, topinambur (hojas y tubérculo), soja, garbanzos (hojas), mazorcas de maíz pequeñas (¡muy ricas en calorías!).

Advertencia: No es conveniente darles ninguna variedad de col ya que les produce gases, y las lechugas suelen estar tratadas con pesticidas. Tampoco son recomendables: berenjenas, remolacha, patatas crudas, tomate y calabacín. Los pepinos les encantan para saciar la sed y son ricos en vitaminas y minerales, pero es mejor pelarlos antes de dárselos. Les son tóxicas: germen de patata y judías crudas.

SUGERENCIA

Cómo adelgazar con facilidad

- Rellene el comedero de pienso solamente cuando el animal se haya acabado los pellets verdes y no sólo los copos de cereales, que son los que engordan.
- La próxima vez que le dé de comer, póngale un poco menos de comida.
- Controle el peso del conejo una vez al mes.
- Si sigue aumentando de peso, impóngale un día de ayuno a la semana con heno y agua.

Hierbas culinarias: Perejil (una de sus golosinas favoritas), perifollo y levístico.
Fruta: Principalmente manzana y algo de pera.

Material para roer

Los conejos no sólo disfrutan royendo, sino que necesitan imprescindiblemente disponer de algo para roer y poder desgastar así sus dientes, ya que éstos crecen constantemente. Les encantan las ramas tiernas, y especialmente las de avellano, haya blanca, abedul, tilo, sauce, arce y fresno, así como las de árboles frutales sin tratar. También les gusta el pan duro (integral), que no deberá ser demasiado salado, o un trozo de tostada. En las tiendas de animales venden unas barritas para roer con diversas formas y composiciones. Elija las que incluyen elementos vegetales tales como verduras, hierbas y plantas verdes.

Bebida

Sus conejos enanos solamente han de beber agua. Lléneles el bebedero a diario con agua limpia y a temperatura ambiental. Si el agua estuviese demasiado fría podría producirles trastornos digestivos. Si el agua contiene demasiado cloro es mejor hervirla y luego esperar a que se enfríe. En caso de que contenga un exceso de nitritos será mejor emplear agua mineral.

Advertencia: ¡Los conejos no toleran la leche! La infusión de manzanilla diluida les alivia las molestias digestivas. En caso de falta de vitaminas se puede agregar un complejo polivitamínico (consulte a su veterinario o en la tienda de animales) al agua de beber.

Programa de fitness para enanos: ejercicios de estiramientos para alcanzar el alimento.

RECUERDE

Reglas para su alimentación

Horario

- ✔ Regularmente por la mañana y por la tarde.

Heno y agua

- ✔ Siempre deben estar a su disposición.

Alimentos verdes y jugosos

- ✔ Lavarlos bien y secarlos antes de dárselos. Las hojas mojadas se pueden secar con una toalla.
- ✔ Retirar cada mañana los restos de alimentos frescos del día anterior.

Contraindicaciones

- ✔ Alimentos enmohecidos, sucios o pasados.
- ✔ Alimentos congelados o recién sacados de la nevera.
- ✔ Dulces.

Cuidados básicos

Cuando el conejo enano está sano se limpia él solo con la ayuda de la lengua, los dientes y las patas delanteras. Apenas necesita que le ayudemos. Pero lo que no puede hacer es ocuparse de mantener limpia su jaula. Deberá ser usted quien se encargue de limpiársela, ya que la higiene es el mejor modo de prevenir las enfermedades.

Cuando nota cariño a través del cepillo lo agradece dando besitos.

Cuidado del pelaje

El conejo muda normalmente su pelo en primavera y en otoño, pero los conejos domésticos suelen hacerlo durante todo el año. Cepille a su mascota para ayudarla a desprenderse del pelo muerto. A los conejos de pelo largo es preferible cepillarlos con un cepillo blando de cerdas naturales o con un guante especial de goma. Además, a su conejo enano el cepillado le producirá siempre una sensación muy placentera. Es como un masaje relajante. Los conejos de Angora de pelo largo, los Jamora y los llamados «leones enanos» hay que cepillarlos dos veces a la semana para evitar que su pelo se apelmace. Emplee para ello cepillos especiales con cerdas metálicas. Los nudos del pelo es mejor deshacerlos con una cuchilla.

Los conejos mestizos de Angora y de Jamora necesitan que se les corte el pelo cada tres meses. Pídale al criador o

RECUERDE

Calendario de cuidados

A diario

- ✔ Lavar el comedero con agua hirviendo y secarlo bien.
- ✔ Esponjar con la mano la paja aplastada para que las bolitas de excremento caigan al fondo.

Una o dos veces a la semana

- ✔ Limpiar los bebederos con un cepillo para botellas. Desmontar la cánula y lavarla. Limpiar los tubos metálicos obstruidos con un palillo con punta de algodón.
- ✔ Renovar por completo el sustrato de la jaula.
- ✔ Renovar el sustrato del «lavabo».
- ✔ Lavar la cubeta de la jaula con agua hirviendo y secarla bien.

Una vez al mes

- ✔ Limpiar la reja de la jaula con agua hirviendo y secarla bien.

Cuando sea necesario

- ✔ Eliminar las incrustaciones de orina de la cubeta con ácido cítrico (de venta en farmacias). Disolver una cucharada sopera de ácido cítrico en un litro de agua y dejar que esta solución actúe durante una hora sobre las incrustaciones.
- ✔ Limpiar la caseta de dormir con agua hirviendo.
- ✔ Limpiar con agua hirviendo el soporte para el heno.

1 **Cortar las uñas**

Cuide de que las uñas de sus conejos enanos no crezcan demasiado. Las uñas demasiado largas les resultan un impedimento para correr. Lo mejor es que le pida al criador o al veterinario que le enseñe cómo se cortan las uñas de los conejos. ¡Al cortarles las uñas nunca hay que lesionarles un vaso sanguíneo!

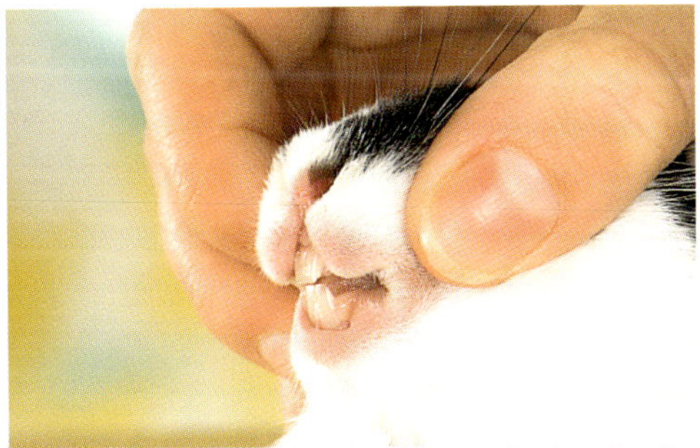

2 **Control dental**

Revise una vez al mes los dientes de sus conejos. Los dientes demasiado desarrollados les impiden comer bien y deberán ser limados por el veterinario. Para observar sus dientes, levántele cuidadosamente los labios con los dedos. Para mantener a raya su crecimiento, proporcióneles a los animales suficiente alimento fresco y material para roer.

a su veterinario que le enseñe cómo se hace. Sin embargo, a los conejos enanos de pelo largo de pura raza no hace falta cortarles el pelo ya que éste es más denso.

Nota: El pelo pegado en la región anal hay que limpiárselo con agua tibia y un paño.

Control dental

Los dientes de los conejos crecen constantemente, pero se desgastan del mismo modo si les proporcionamos una alimentación adecuada y suficiente material para roer (ver pág. 39). Pero a veces surgen problemas. Hay conejos enanos que tienen un defecto congénito que les hace cerrar mal la boca. Entonces los dientes ya no se frotan correctamente entre sí y crecen sin parar hasta que llega un momento en que el animal ya apenas puede comer. Para que no se muera de hambre tendrá que llevarlo al veterinario y pedir que le lime los dientes. Los problemas con las muelas también pueden impedirles comer (ver pág. 46), por lo que es importante revisar periódicamente la dentadura del animal.

Limpieza de las glándulas genitales

Las glándulas genitales están situadas en los pliegues cutáneos lampiños a ambos lados de la abertura genital. Su secreción emana un aroma dulzón que los conejos emplean para reconocerse e identificarse. Para que estas bolsas cutáneas no se peguen es necesario limpiar las secreciones periódicamente con un algodón empapado en aceite para bebés.

Advertencia: ¡A los conejos nunca hay que ducharlos ni bañarlos!

Cuando el conejo enano se pone enfermo

Existe un lema que dice que «es mejor prevenir que curar». Y esto también se aplica a la salud de sus conejos enanos. La mejor prevención consiste en proporcionarle al animal una jaula en la que se sienta a gusto, suficiente ejercicio a base de corretear diariamente por la casa o en un cercado colocado en el jardín

Material para roer: no es sólo un pasatiempo, sino una actividad imprescindible para el cuidado de la dentadura.

o en la terraza, una alimentación variada, material para roer y algunos juguetes para que no se aburra.

Principales síntomas de enfermedades

Generalmente los conejos son poco propensos a las enfermedades, y cuando hacen su aparición suele deberse a un fallo en el mantenimiento: mala alimentación, sustrato húmedo, falta de ejercicio, estrés. Todos estos factores debilitan el sistema inmunitario del animal, y es entonces cuando pueden contraer enfermedades. Si observa alguno de los siguientes cambios algo va mal:

- El conejo no acude brincando tan alegremente como antes cuando usted le trae la comida.
- No tiene tanto apetito, sino que come sólo un poco o incluso nada.
- Se queda apático en su jaula.
- Levanta muy poco las orejas o las tiene totalmente caídas hacia atrás.
- Cuando al conejo le duele mucho algo, mantiene la vista fija. También puede hacer chirriar los dientes.
- Los ojos tienen una apariencia mate y turbia.
- Su pelaje está apelmazado y se le cae el pelo.

SUGERENCIA

Botiquín de primeros auxilios

- Llagas y mordeduras: recortar el pelo alrededor de la herida y mojarla con esencia de caléndula.
- Uñas sangrantes: secar con un pañuelo de papel y cubrir con spray cicatrizante.
- Diarrea leve: en vez de agua, dele infusión de manzanilla; no deberá comer más que heno (ver página de la derecha).
- Estado de shock: después de un accidente o una operación puede darle «Rescue» (mezcla de flores de Bach) o el remedio homeopático «Arnica C30» en glóbulos (bolitas). Ambos productos pueden conseguirse en la mayoría de farmacias.

Adulto y juvenil. Si están bien mantenidos, se les proporciona una alimentación saludable y se los cuida correctamente, los conejos pueden vivir hasta diez años.

➤ Sus excrementos no tienen la forma de las habituales bolitas, sino que son pastosos o líquidos.

Si observa uno o varios de estos síntomas, lleve el animal al veterinario lo antes posible.

Problemas de salud

El sistema digestivo del conejo es muy sensible a los cambios repentinos de alimentación. La consecuencia puede ser estreñimiento, diarrea e incluso afecciones de mayor gravedad.

Diarrea leve: Los excrementos son blandos y pastosos, el pelo de la región anal está sucio; por lo demás, el animal no parece estar enfermo. Limpie la jaula a fondo con agua hirviendo. Elimine los restos de comida y ponga sustrato nuevo. Suprima de su dieta los alimentos frescos (verdes, jugosos). Dele al conejo solamente heno y póngale infusión de manzanilla tibia en el bebedero. Cuando tenga diarrea también conviene que le dé ramas de sauce o roble para roer. Ambas son ricas en taninos, que le ayudarán a sanar. Por otra parte, la diarrea no siempre se debe exclusivamente a la alimentación, también pueden influir el frío, las corrientes de aire y el estrés. Si la diarrea desaparece en las siguientes 24 horas, siga sin darle alimentos frescos durante dos días más y ofrézcale solamente pienso seco (pellets), heno y agua. Si la diarrea dura más de dos días deberá llevar su conejo enano al veterinario. Una muestra de excrementos le será de gran utilidad para el diagnóstico.

Advertencia: Si se presentan estos síntomas, la vida del animal puede estar realmente en peligro: excrementos muy líquidos y malolientes, sangre en los excrementos, el animal tiene el cuerpo hinchado, respira con dificultad y tambo-

rilea con sus extremidades posteriores. ¡Llévelo al veterinario inmediatamente!

Estreñimiento: El conejo brinca por la jaula con el dorso encogido y, a pesar de todos sus esfuerzos, solamente deposita unas pocas bolitas de excremento, duras y pequeñas. Ya no tiene apetito. Al palparle la parte posterior del vientre se nota que su intestino grueso está duro y lleno de excrementos. Empiece por comprobar los bebederos. Puede ser que el tubo esté taponado y que el animal reciba muy poca agua. Retire todo el pienso seco. Al día siguiente dele solamente alimentos frescos tales como lechuga, hinojo y perejil. Las zanahorias producen un efecto ligeramente laxante, por lo que también le sentarán bien. Deje que el animal corretee suelto por la casa ya que el ejercicio puede ser una buena ayuda. Como medida inmediata, dele tres veces al día una cucharadita de aceite de lino o de parafina (de venta en farmacias) y masajéele suavemente el vientre con los dedos describiendo movimientos circulares. Deberá observarse una clara mejoría antes de 24 horas.

Advertencia: Si el conejo enano tiene el vientre muy dilatado y le duele cuando se lo toca, deberá llevarlo inmediatamente al veterinario.

¿Qué es lo que huele tan bien? El conejo necesita ir inmediatamente a investigarlo.

Shock causado por el miedo

Una vez pude observar a un conejo que estaba tan tranquilo en su corral de jardín cuando de repente se soltó de la correa un Rottweiler que había traído un amigo que venía a visitarnos. El perro echó a correr hacia el cercado ladrando con todas sus fuerzas. El conejo intentó huir de su enemigo mortal dando un gran salto pero, naturalmente, fue a estrellarse contra la reja del cercado y cayó al suelo. Se quedó inmóvil, con las orejas flácidas y el cuerpo apretado contra el suelo, como si se hubiese «desmayado de miedo». En una situación como ésta, el corazón del animalito incluso puede llegar a pararse. Se muere de miedo.

Los conejos más sensibles son aquellos que son muy tímidos, o los que se sienten inseguros por estar en un entorno que desconocen. En caso de un shock por miedo es indispensable actuar lo antes posible. Acérquese lentamente al animal afectado y háblele en un tono tranquilizador. Cójalo con seguridad por la piel de la nuca y trasládelo a un alojamiento oscuro, a ser posible un transportín (ver pág. 20). Colóquelo en una habitación que esté a unos 24 °C y proporciónele tranquilidad.

Nota: En los casos de shocks agudos por miedo han resultado ser muy útiles algunas preparaciones de flores de Bach (Rescue Remedy), también llamadas gotas para casos de emergencia, que pueden adquirirse en farmacias. Adminístrele cada 20 minutos dos gotas de concentrado disueltas en una cucharadita de agua. Emplee una jeringa desechable (sin aguja) o una pipeta e introdúzcasela lateralmente en la boca.

Problemas de salud y enfermedades

Esto es lo que se nota	Causas que usted mismo puede solucionar	Señales de alarma en estos síntomas	Posible diagnóstico: acudir rápido al veterinario
Excrementos blandos o fluidos de olor agrio. Vientre y región anal sucios de excrementos.	Cambio brusco de alimentación, alimentos o agua en mal estado, trastornos gástricos a causa de sustrato húmedo o corrientes de aire.	Rechaza el alimento, temblores, vientre hinchado, excrementos sanguinolentos.	Intoxicación, infección intestinal (enteritis), generalmente se trata de una coccidiosis, es imprescindible llevar una muestra de excrementos al veterinario.
El animal deja de comer, solamente produce unas bolitas de excremento pequeñas y duras, o no consigue defecar a pesar de apretar con fuerza, su vientre está ligeramente hinchado.	Falta de ejercicio, bebe demasiado poco, cambio brusco de alimento fresco a una dieta exclusivamente de pienso seco, alimento en mal estado.	Vientre muy hinchado, tamborileo intenso con las extremidades posteriores, insuficiencia respiratoria, pulso débil.	Hay que llevarlo inmediatamente al veterinario ya que la anorexia puede producirle daños irreversibles.
Secreción nasal muy líquida y clara, estornudos ocasionales.	Irritación causada por las emanaciones de los productos de limpieza, heno pulverulento, falta de vitaminas, falta de defensas (alergia al heno).	Secreción nasal densa y purulenta, falta de apetito, amodorramiento, tos.	Resfriado contagioso (aislar al animal afectado); también puede ser el inicio de una pulmonía
Ojos llorosos, enrojecidos, a veces párpados hinchados, secreción acuosa o purulenta.	Enfriamiento, irritación causada por el polvo o por cuerpos extraños, mordeduras, pelo demasiado largo (conejos de Angora).	Hinchazones en la región de la cabeza y en los genitales.	Mixomatosis, la transmiten los insectos que succionan sangre; se considera incurable. Si en las proximidades hay alguna colonia de conejos silvestres, hay que vacunar a los conejos que viven en cercados al aire libre, tanto en jardines como en terrazas o balcones.
Se sienta casi en estado de inconsciencia y apenas se mueve.	El conejo se siente solo, le falta la compañía de los de su especie, se aburre.	Respira con dificultad, sangra por las aberturas nasales.	La enfermedad hemorrágica de los conejos (RHD = Rabbit haemorrhagic disease) es una enfermedad vírica contagiosa; los animales mueren rápidamente por asfixia. ¡Es posible vacunarlos!

Cuestiones acerca de la alimentación y la salud

¿A qué edad podemos decir que un conejo es viejo?

Si se cuida bien, un conejo enano puede vivir hasta diez años. Pero a los cinco años ya podemos incluirlo entre los de la tercera edad. La edad del conejo sólo se manifiesta en que se vuelve más tranquilo, ya no salta tan alto y no hace acrobacias en el aire. Muchas veces preferirá quedarse en la jaula aunque usted le abra la puerta para dejar que salga a pasear. Pero los animales veteranos no necesitan nada especial por lo que respecta a su cuidado y su alimentación.

Uno de nuestros dos conejos enanos ha dejado de comer. ¿A qué puede deberse?

Revise urgentemente sus dientes (ver pág. 41). A lo mejor su conejo enano tiene un problema congénito en las mandíbulas. Si el maxilar superior es demasiado corto los dientes no se pueden frotar correctamente, por lo que siguen creciendo hasta que el animal ya no puede comer. Para que el conejo no se muera de hambre deberá llevarlo al veterinario cada seis u ocho semanas para que le lime los dientes. Con frecuencia los conejos también tienen problemas con las muelas; se reconocen porque los pelos de alrededor de la boca están pegajosos a causa del flujo salivar y el animal mastica «en vacío». La causa de ello son las puntas que han crecido en los molares y que acaban lesionando las mucosas de la lengua y la cavidad bucal, lo que produce graves infecciones. También en este caso es imprescindible ir al veterinario lo antes posible.

Nuestro conejo enano se come sus propios excrementos, a pesar de que le damos comida en abundancia. ¿Por qué lo hace?

No tiene por qué preocuparse: lo que se come su conejo

Los padres deben enseñar a sus hijos cómo tratar con cariño a los animales.

no son los excrementos normales sino los llamados cecotrofos. Son bolitas blandas, húmedas y unidas en racimos. A veces las encontramos entre la paja de la jaula, pero el conejo generalmente se las come directamente del ano. Los cecotrofos los produce en el intestino ciego y contienen vitaminas y proteínas que le son muy necesarias al animal.

? ¿Cómo puedo distinguir los sexos de los conejos enanos?

No es muy difícil. Coja al animal por la piel de la nuca, dele la vuelta y póngaselo sobre el regazo. Empleando los dedos pulgar e índice, estírele suavemente la región genital. En dirección a la cola, tanto el macho como la hembra poseen una abertura anal puntiforme. Ante ésta se encuentra la abertura genital. En los machos también es puntiforme, y más adelante aparecerán los testículos a ambos lados. La abertura genital de las hembras es longitudinalmente alargada y tiene forma de rendija.

? ¿Cuál es la temperatura corporal normal de los conejos enanos?

En los animales sanos oscila entre 38,5 °C y 39,5 °C, por lo tanto, una temperatura de 40 °C ya indica que algo no va bien. Pídale a su veterinario que le enseñe a medir la fiebre. Lo mejor es emplear un termómetro digital especial (consulte a su veterinario).

? Nuestro conejo enano Moritz tiene una enfermedad incurable. El veterinario opina que es mejor sacrificarlo. Pero hace siete años que vive con nosotros, ¿qué nos aconseja?

Naturalmente, uno acaba encariñándose con los animales. Pero sería un error dejar que el pobre animal sufriese en vano. El verdadero amor a los animales también significa saber cuándo ha llegado el momento de la despedida y ahorrarle sufrimientos al conejo. A los niños hay que explicarles claramente por qué es mejor dormir al animal al que tanto quieren. En algunos casos, la despedida les resultará más sencilla si pueden enterrarlo en un rincón del jardín y realizar una pequeña tumba para él. Si entierra a su conejo en el jardín, hágalo a una profundidad de por lo menos 50 cm.

MIS CONSEJOS PERSONALES

Monika Wegler

La felicidad del conejo

- Lo que más les gusta a los conejos es estar con sus congéneres de confianza.
- Una jaula grande y limpia y un cercado en el exterior, o dejarlo corretear por la terraza, le permitirán hacer ejercicio y disfrutar del aire libre.
- Para mantenerse en forma ha de tener una dieta que diariamente incluya heno, pienso seco, verduras y alimentos jugosos, así como materiales para roer y agua limpia. ¡No se olvide de comprobar periódicamente su estado de salud!
- También le gusta mucho que le cepillen el pelo, que le acaricien y que le rasquen suavemente detrás de las orejas (ver pág. 40).
- Respete los momentos de reposo del conejo. Nunca hay que molestarlo cuando come, cuando duerme o cuando se está aseando, de lo contrario se volverá nervioso y huidizo.

Actividades

Jugar y aprender

Los conejos enanos poseen bastantes aptitudes. Tienen un olfato muy fino, su campo de visión es prácticamente de 360º, poseen un oído extraordinario, tienen el sentido del tacto muy desarrollado y su

Una golosina, como esta ramita de perejil, anima mucho a practicar.

sentido del gusto les permite distinguir entre dulce, ácido, salado y amargo. Son animalitos muy activos a los que les encanta correr, que pueden dar saltos extraordinarios, que escarban con pasión y que se levantan sobre dos patas para controlar su entorno o para acceder a algún sabroso bocado. Para que su conejo enano se mantenga sano y en forma es importante estimular sus aptitudes naturales y proporcionarle variedad en su vida cotidiana.

El conejo como compañero de juegos

Existe una gran diversidad de posibilidades para ocuparse intensamente del conejo enano. Por ejemplo, puede aprender a obedecer la orden de erguirse en dos patas, de brincar un obstáculo o de saltar sobre una silla. Con el tiempo también aprenderá a reconocer su nombre y acudirá a saltitos cuando lo llame. Pero todas estas habilidades deberán ser acordes con sus aptitudes naturales. Un conejo enano nunca podrá recoger una pelota como si fuese un perro o un gato. Por lo tanto, ¡no le pida cosas imposibles!

Lo importante es que a su conejo enano le divierta co-

RECUERDE

Entrenamiento eficaz

- ✔ El conejo deberá ser manso y estar acostumbrado a usted.
- ✔ Anímelo ofreciéndole una golosina tal como una ramita de perejil o una hoja de diente de león.
- ✔ Dele de comer después del ejercicio, de lo contrario la golosina no le haría ningún efecto.
- ✔ Elija ejercicios que encajen con el comportamiento y las aptitudes naturales del animal, como por ejemplo saltar obstáculos o erguirse sobre dos patas.
- ✔ Aproveche sus fases de actividad (por la mañana y a última hora de la tarde).
- ✔ Nunca lo obligue a hacer algo a la fuerza.
- ✔ El entrenamiento debe resultar divertido para ambos. No pierda nunca la paciencia.
- ✔ Avance siempre a pequeños pasos.
- ✔ Gratifique al conejo enano con una golosina solamente cuando haya hecho lo que usted deseaba que hiciera.
- ✔ Si el conejo se equivoca o lo hace mal, no se enfade con él, no le grite ni le castigue. Simplemente, repita el ejercicio.

1 El conejito salta...

Los obstáculos para conejos jóvenes no deben tener una altura de más de 15 cm, para los adultos de 20 a 25 cm, con unos 30 cm de ancho. Es fácil montarlos con latas de conservas o ladrillos, aunque también se pueden construir de madera. Lo importante es que el obstáculo sea estable y no se mueva.

2 ...y aterriza con seguridad

Coloque el obstáculo contra la pared y bloquee el otro extremo con un listón de madera de modo que el conejo no pueda rodearlo y tenga que saltar sobre él. Atráigalo con una golosina. A la mayoría de los conejos enanos les encanta saltar.

laborar. Aquí una golosina puede ser de gran ayuda. Cuando al animal ya no le haga ilusión seguir practicando y se aleje a saltitos, no lo obligue a continuar. Ya seguirá en otro momento.

Erguirse sobre dos patas

Seguramente, usted pensará que a un conejo no hace falta enseñarle a erguirse sobre dos patas ya que eso es algo que ya hace por sí solo. Se alza para alcanzar el alimento y para poder observar mejor el entorno. Pero la clave del asunto es: su conejo puede aprender a erguirse cuando usted se lo ordene. Y seguro que su aplicado conejito logrará la simpatía de sus parientes y amistades. Practique con el conejo enano cuando esté hambriento. Una golosina, tal como una hoja de diente de león o una ramita de perejil, le estimulará a la hora de aplicarse. Al principio, mantenga la golosina a ras de suelo. Cuando el conejito empiece a mordisquearla, vaya alzándola lentamente. Cuidado: no levante la golosina con demasiada rapidez porque el animal podría caerse hacia atrás. Deje que el conejo mordisquee el perejil o el diente de león entre un intento y el siguiente, ya que sino perdería el interés en el asunto. Asocie el erguirse con una palabra concreta, como por ejemplo «Hum» o «Qué bueno». Más adelante, para que el conejo se alce suele ser suficiente con levantar la mano.

Aventura en libertad

Es imprescindible que su conejo pueda estar suelto por la casa una vez al día. Convierta las salidas de su conejo en verdaderas aventuras para él.

Estímulos motrices y sensoriales

Construya un parque de juegos para sus conejos enanos.

¿Quién anda por ahí? En posición erguida se ve el entorno mucho mejor.

Cajas de cartón: En las cajas de cartón resistente puede recortar agujeros para que los conejos entren y salgan poniendo a prueba su sentido del tacto y su capacidad para saltar. Es importante que las cajas sean estables y no se muevan, ya que de lo contrario los conejos no las usarían a gusto.

Cajón para escarbar: Un cajón de plástico o madera lleno de arena les animará a escarbar en él. Un recipiente lleno de hojarasca les aportará interesantes estímulos olfativos de la naturaleza. También les encanta escarbar en una caja con trozos de papel; emplee para ello papel de cocina blanco o papel higiénico. Importante: los bordes de la caja deberán tener una altura que el conejo pueda saltar sin dificultad para entrar o salir de ella. Como cajón para escarbar se puede emplear una cubeta para gatos cuyo borde esté curvado hacia dentro.

En busca de comida: En la naturaleza, los conejos salvajes no encuentran sus alimentos favoritos como caídos del cielo. Las cosas que más les gustan, como por ejemplo las jugosas bayas o las hojas tiernas de los arbustos, les exigen un cierto esfuerzo y solamente pueden alcanzarlas si se alzan y se estiran. Proporciónelos algo similar dentro de casa. Sujete una campana de heno (de venta en las tiendas de animales), palitos para roer o un manojo de hierbas con un cordel y ténselo entre dos sillas de modo que el conejo tenga que erguirse para alcanzarlos. Yo les construyo a mis conejos un «árbol con comida» en el que coloco trocitos de fruta y de verduras (ver foto de la pág. 12) y que les sirve para mantenerse en forma. Si quiere construir uno similar, asegúrese de que sea bien estable y que el conejo no pueda moverlo.

Manta para refugiarse: A los conejos les gustan las cuevas y las madrigueras. Por lo tanto, les entusiasmará disponer de una manta bajo la cual puedan esconderse. ¡Pero vaya con cuidado cuando la manta esté extendida sobre el suelo! El conejo podría estar oculto debajo y es fácil que pase desapercibido y que lo pisemos.

Juguetes: En las tiendas de animales podemos conseguir casitas de madera o de plástico, puentes y cuevas de cuerda que animan a los conejos a esconderse en su interior, a saltar por encima y a roer. Pero usted también puede construir sus propios puentes y rampas y combinarlos con cajas de cartón y cajones para escarbar. Así conseguirá un verdadero parque de aventuras para sus mascotas. Lo importante es que todos los elementos sean seguros y estables.

Refugio de construcción casera: con ladrillos y tejas se puede construir una buena protección contra la lluvia y el sol.

Mimos y caricias

Esto es lo que le gusta a su conejo	Así no conseguirá ganarse su confianza
Antes de jugar con el conejo no se lave nunca las manos con un jabón perfumado.	Coger al animal desde arriba y por sorpresa.
Acaricie al animal solamente cuando no esté comiendo, durmiendo o lavándose.	Llevar el conejo constantemente de un lado a otro y no parar de acariciarlo.
Colóquese el conejo sobre el regazo para acariciarlo.	Sujetarlo con fuerza y contra su voluntad.
Acariciarle el lomo suavemente con la mano a favor del pelo.	Frotarlo con brusquedad y a contrapelo.
Rásquele suavemente detrás de las orejas.	Rascarle con fuerza en la barbilla o en su sensible región ventral.
Tranquilícelo pasándole suavemente un dedo desde la nariz hasta la frente.	Estirarle de sus sensibles cerdas táctiles (bigotes).
El animal también se tranquilizará si se lo coloca sobre el regazo y apoya la palma de la mano izquierda sobre sus ojos y cabeza.	Tratar al conejo enano con torpeza.

Veraneo para los conejos enanos

Para los conejos enanos, las vacaciones significan esto: quedarse en casa, respirar aire fresco y disfrutar del sol, abundancia de comida fresca y pasear de un lado a otro cada vez que les apetezca. ¿Y dónde pueden encontrar todo esto? Pues en un corral de jardín o, con ciertas limitaciones, en la terraza.

Un conejo feliz: dispone de una caja con arena para escarbar y ramitas tiernas para mordisquear.

Una casa de vacaciones con mucho verde

Lo sofisticada que llegue a ser la casa de vacaciones para sus conejos ya dependerá de su imaginación y de su habilidad para construirla. Los aficionados al bricolaje pueden construir un buen corral con todo tipo de accesorios, mientras que los que no sean tan hábiles o dispongan de menos tiempo pueden comprar cercados modulares y limitarse a montarlos en el lugar adecuado. La parte superior deberá estar cubierta con tela metálica para evitar que los conejos puedan saltar y escaparse, a la vez que los protege de los gatos. Si los conejos van a pasar una larga temporada en el corral será conveniente enterrar una malla metálica en el suelo, ya que si no, podrían excavar galerías y fugarse por ellas. Los conejos son muy sensibles al calor, por lo que deberá colocar el cercado en un lugar de semisombra cerca de un árbol o arbusto (ver pág. 56). También es importante que el suelo no haya sido tratado con productos químicos.

Acondicionamiento: Un comedero para pienso seco, un bebedero de demanda con agua limpia, un cajón con are-

SUGERENCIA

Variedad dentro de casa

- Unos estantes colocados en alto, por ejemplo sobre el soporte del heno o en una esquina de la jaula, permitirán que el animal descanse en un lugar elevado y que pueda observar bien su entorno.
- Las hierbas, diente de león, frutas y ramas con hojas o yemas constituyen un buen ejercicio para el sentido del gusto y le obligan a mantenerse activo (colgarlas de lo alto).
- Un pequeño listón en medio de la jaula ayuda a dividir zonas y le obliga a saltar obstáculos para mantenerse en forma.
- Una caseta para descansar y esconderse.

na para escarbar y una caseta para esconderse (ver pág. 56). Si se desea, se puede cubrir parte del cercado con un pequeño tejado.

Advertencia: Lo más seguro es dejar al conejo en el cercado al aire libre solamente durante algunas horas al día y, a ser posible, bajo su supervisión. Más de una vez me han relatado casos en que un perro ha saltado dentro del corral de los conejos y los ha matado a todos.

«Una habitación con vistas»

A los conejos también puede montarles un cercado en la terraza o en el balcón y dejar que disfruten del aire libre desde la primavera hasta el otoño. No es conveniente ubicarlos en balcones muy expuestos al viento y sin un tejado que los proteja. Los conejos que siempre han vivido en el interior no hay que sacarlos al exterior hasta que las temperaturas sean del orden de los 18-20 ºC.

Suelo: Para protegerlos del frío del suelo se coloca sobre éste una placa de plástico cubierta con paja o una estera. Un tejadillo los protegerá tanto de la lluvia como del sol.

Barandilla del balcón: Lo mejor es proteger las barandillas del balcón con tela metálica para evitar que el conejo pueda saltar a través de los barrotes o las balaustradas. En algunos casos puede ser necesario colocar una red a prueba de gatos (de venta en las tiendas de animales) para proteger a los conejos de sus predadores.

Acondicionamiento: Cubeta con heno, lavabo para conejos, comedero y bebedero. Si los conejos van a pasar el invierno en el cercado necesitarán una caseta bien aislada.

Las vacaciones ideales para el conejo: una raíz para roer y trepar y una vasija para jugar al escondite.

RECUERDE

Juegos y diversiones al aire libre

- ✔ Un trozo de tronco hueco para esconderse.
- ✔ Tuberías de plástico para usarlas como madrigueras.
- ✔ Refugio con ladrillos y tejas.
- ✔ Montículo de ramas de pino para esconderse o un montón de hojarasca para olfatear y jugar.
- ✔ Golosinas colgadas de un cordel de modo que el conejo tenga que esforzarse para acceder a ellas, así se mantiene en forma.
- ✔ Caseta para descansar y esconderse.

Cuestiones acerca de las vacaciones de los conejos enanos

? En el jardín hemos construido un cercado para nuestros conejos enanos. Allí están muy bien. ¿Podríamos dejarlos durante todo el año?

Los conejos enanos pueden vivir al aire libre desde la primavera hasta el otoño. Pero es imprescindible que dispongan de un refugio en el que se puedan resguardar del frío, la lluvia y el calor. Los aficionados al bricolaje pueden construir una caseta ellos mismos con tablas naturales e impermeabilizadas de unos 20 mm de grosor. Una caseta para dos conejos deberá medir 35 × 35 × 30 cm. La parte superior de los laterales deberá tener una cierta inclinación. El techo sobresaldrá unos 15 cm y estará cubierto con tela asfáltica. Deberá ser desmontable, ya que de lo contrario no sería posible retirar la paja vieja. Para protegerlos de las corrientes de aire, la abertura de entrada (de 14 cm de diámetro) estará situada a unos 10 cm de altura respecto al suelo. Para proteger la caseta de la humedad es mejor colocarla sobre listones de madera y con la entrada orientada hacia el sur. Nunca deberá estar abierta hacia el lado expuesto al viento. Su suelo se cubre con paja. En invierno es mejor entrar los conejos en casa.

? Este año, nuestro conejo enano Dickie va a tener un cercado al aire libre. ¿Es necesario que Dickie se aclimate al ambiente del exterior?

Sí, es aconsejable, ya que los conejos que han vivido siempre dentro de casa se resfrían fácilmente ante un cambio brusco de temperatura (ver pág. 55). Espere a que la temperatura primaveral alcance los 20 ºC. Al principio deje a Dickie solamente un par de horas en el exterior, luego durante más tiempo. Mientras las temperaturas nocturnas sigan siendo inferiores a los 15 ºC tendrá que entrar a Dickie en casa por la noche.

? Una amiga me contó que los conejos también pueden sufrir un shock térmico. ¿Es realmente cierto?

Elisabeth y Florian saben perfectamente cuándo su conejo quiere que lo acaricien.

Es cierto. Los conejos son muy sensibles al calor. En los cercados colocados en una terraza orientada al sur y sin sombra, así como en las jaulas colocadas junto a una estufa o radiador, es frecuente que los conejos sufran un shock térmico. Los síntomas son éstos: el animal permanece en una esquina casi inconsciente, respira con dificultad, le tiembla el cuerpo, abre completamente las aberturas nasales y sus mucosas adquieren una coloración azulada. A un conejo en este estado hay que trasladarlo inmediatamente a una habitación más fresca. Para bajar su temperatura corporal lo mejor es cubrirle el cuerpo y la cabeza con una toalla fresca y húmeda. Para regularizar su circulación se le puede hacer tragar una cucharadita de infusión de judías. Cuando su estado empiece a mejorar hay que soltarlo en un lugar fresco para que corretee y se recupere. Si no mejora, llévelo inmediatamente al veterinario.

? ¿Es posible llegar a educar de algún modo a un conejo enano?

Sí, hasta cierto punto, pero para ello es necesario disponer de bastante tiempo, como por ejemplo durante unas vacaciones. El conejo reacciona principalmente ante la voz humana y ante los olores que le resultan familiares. Si por ejemplo sorprende a su conejo en el momento de roer una alfombra, puede evitarlo con un severo «¡No!» acompañado de un chasquido de las manos. También puede lanzarle un chorrito de agua (pistola de agua) para que deje lo que está haciendo. Si le habla en un tono suave conseguirá que acuda hacia usted.

? Me gustaría llevarme a mi conejo enano de vacaciones. ¿Cree que le gustaría ir a otros lugares?

Para un conejo, cualquier cambio de lugar o de clima supone un estrés enorme. Por tanto, le recomiendo encarecidamente que deje el animal en casa. Ocúpese de buscar con tiempo a alguien que pueda cuidar de él durante su ausencia sin tener que llevarlo a otro lugar. Si se ve obligado a llevárselo de viaje, solamente deberá ir a una casa de vacaciones situada en un lugar con clima templado. Si va a viajar al extranjero, consulte al veterinario y al consulado acerca de las normativas vigentes para la importación temporal de animales.

MIS CONSEJOS PERSONALES

Monika Wegler

Fomentar sus aptitudes

- **Saltar:** Anime al conejo a que salte sobre un obstáculo. Enséñele a obedecer cuando le diga que salte sobre su regazo.
- **Erguirse:** Practique el erguirse cuando usted se lo ordene. Póngale sus golosinas favoritas en lo alto de la reja de la jaula.
- **Saborear:** Proporciónele una buena variedad de alimentos verdes y jugosos. Dele también ramas con hojas o yemas (avellano, sauce, fresno, abedul, frutales sin tratar).
- **Olfatear y escarbar:** Póngale un cajón con hojarasca o hierbas del campo. En invierno ofrézcale ramas de abeto o de pino. Coloque un cajón con arena para que pueda escarbar.
- **Hacer equilibrios y palpar:** Ponga un puente de madera para que pase sobre él, ofrézcale rampas de madera o un trozo de tronco hueco. También le gustarán mucho las cajas de cartón con aberturas de entrada de diferentes tamaños.

COMPAÑÍA

Lo más importante para un conejo enano es tener un compañero de su especie con el que pueda comunicarse a sus anchas en el **«lenguaje de los conejos».** Se cuidan mutuamente, se limpian, juegan el uno con el otro y se reconocen por su olor característico. Por lo tanto, mantenga **por lo menos dos conejos.**

Una garantía de bienestar para sus conejos enanos

EJERCICIO

Por muy grande que sea una jaula, nunca podrá satisfacer la **necesidad de ejercicio** del conejo enano. Le encanta brincar, saltar, merodear y corretear. Por lo tanto, es imprescindible soltarlo una vez al día por la casa. Su conejo enano deberá disfrutar de por lo menos una hora de **libertad** al día.

NADA DE ESTRÉS

Para los conejos, la música fuerte y los **ruidos** son como si a nosotros alguien nos chillase al oído. Los conejos odian los ruidos, les aterrorizan y les hacen huir. Y lo mismo sucede si a casa viene algún extraño con un **perro**. Los conejos y los perros nunca llegan a ser amigos.

OCUPACIÓN

Los conejos que nunca salen de la jaula y no reciben ningún tipo de **estímulos sensoriales** se vuelven apáticos y acaban enfermando. Una caja llena de hojarasca les invitará a escarbar en ella e investigarla a fondo. La caseta los anima a **entrar y salir de ella** y a esconderse cuando les apetezca.

ALIMENTACIÓN SALUDABLE

El heno de buena calidad es el «pan de cada día» para los conejos. Contiene **nutrientes** muy importantes y la fibra que necesita para regular su digestión. El animal también necesita **pienso preparado,** hojas verdes y alimentos jugosos, como por ejemplo diente de león y zanahorias. No ha de faltarle agua fresca para beber.

EL PLACER DE ROER

A los conejos enanos les encanta roerlo todo y necesitan hacerlo ya que así desgastan sus incisivos, que crecen constantemente. Asegúrese de que su conejo siempre tenga en la jaula **ramas frescas,** pan seco y duro u otros materiales para roer.

Nuestros 10 consejos básicos

AIRE Y SOL

Los que tengan la posibilidad de hacerlo, deberían montar un **cercado al aire libre** en el jardín. Lo que más felices puede hacer a los conejos enanos es estar al aire libre, mordisquear plantas frescas, captar los diversos olores de la naturaleza y corretear a sus anchas.

CARICIAS

A los conejos enanos les encanta que los mimen, siempre y cuando los acaricien correctamente, es decir, con suavidad y moviendo la mano sobre su lomo **a favor del sentido del crecimiento del pelo**. Pásele cuidadosamente la yema del dedo desde la nariz hasta la frente. A su conejo enano también le gustará mucho que le rasque suavemente detrás de las orejas.

PREVENCIÓN SANITARIA

Para que su conejo se mantenga sano es imprescindible que la **jaula** esté siempre **limpia**, cambiar la paja con frecuencia y limpiar bien los comederos. Vigile la dentadura del animal y la longitud de sus uñas. Los dientes demasiado largos le impedirían comer, y las uñas demasiado largas no le permiten desplazarse con normalidad.

MOMENTOS DE REPOSO

A los niños les encantaría poder jugar con su conejo enano siempre que les apetezca, llevarlo de un lado a otro y acariciarlo. Pero un conejo necesita sus momentos de reposo para descansar y **relajarse,** así como para comer y acicalarse.

Índice alfabético

Los números de página expresados en **negrita** corresponden a las ilustraciones.

Autora y fotógrafa

Verbände/Vereine

Monika Wegler vive en Munich y trabaja como fotógrafa y autora independiente desde 1983. Durante este tiempo ha ilustrado 49 libros de animales de gran éxito, 13 de los cuales los ha escrito ella misma. También es muy conocida por sus calendarios, reportajes fotográficos y trabajos publicitarios con animales. Está considerada como una de las principales fotógrafas de animales de Europa, lo cual se debe sin duda a que es sumamente exigente con su trabajo. Monika Wegler ha podido obtener muchas de sus sorprendentes fotos gracias a que casi siempre convive con aquellos animales con los que está trabajando, y en la mayoría de los casos incluso los cría ella misma para poder documentarlos mejor. Los conejos, junto con los gatos, son unos de sus animales favoritos.

ADVERTENCIAS

- Al tratar a los conejos a veces es imposible evitar recibir algún arañazo o mordisco. Vaya a su médico para que le cure las heridas.
- Las personas que tengan alergia al pelo de los animales es imprescindible que consulten al médico antes de comprar un conejo.
- Para evitar peligrosas descargas eléctricas será necesario que se asegure que su conejo no pueda roer ningún cable al estar suelto por la casa.

Mis conejos enanos

Nombres: ____________________

Tienda donde los adquirí: ____________________

Así les doy de comer:

____

____

____

Juegos y juguetes favoritos:

____

____

____

Así les gusta que los cuiden:

____

____

____

Éstas son sus cosas:

____

____

____

Características propias:

____

____

____

Éste es su veterinario:

____

____

____

Título de la edición original: **Zwerg kaninchen**

Editorial Hispano Europea, S. A.
Primer de Maig, 21 - Pol. Ind. Gran Via Sud
08908 L'Hospitalet - Barcelona, España.
E-mail: hispanoeuropea@hispanoeuropea.com

Depósito Legal: B. 43473-2010

ISBN: 978-84-255-1629-0

Tercera edición

Impreso en España

Printed in Spain

Limpergraf, S. L. - Mogoda, 29-31 (Pol. Ind. Can Salvatella) - 08210 Barberà del Vallès